AF509604

ESSAI PRATIQUE

SUR LA CONSTRUCTION

DES PONTS OBLIQUES

A APPAREIL HÉLICOÏDAL

MIS A LA PORTÉE DES ENTREPRENEURS ET APPAREILLEURS.

Par E. ORMIÈRES,

Entrepreneur de travaux publics et Dessinateur Architecte

BORDEAUX,

IMPRIMERIE MÉTREAU ET COMPAGNIE,

Rue du Parlement-Ste-Catherine, 19.

1857.

L'auteur tient, tous les hivers, un cours spécial de coupe de pierre et de dessin chez lui, rue Prosper, 3 & 5, à Bordeaux.

(C.)

INTRODUCTION.

Les ouvrages qui ont traité jusqu'à ce jour des Ponts obliques à appareil héliçoïdal, sont tous trop confus d'applications théoriques, en mathématiques, pour que l'Entrepreneur ou l'Appareilleur qui est ordinairement chargé de leur construction, et qui n'en possède par fois que quelques éléments, puisse y puiser quelques leçons utiles, autant pour le tracé de son épure, pour sa commande de pierre, pour son appareil, que pour diriger sa coupe de pierre.

C'est donc pour y remédier et pour être utile à mes nombreux collègues, qui peuvent, dans leurs travaux, être appelés à en construire, et sur la demande réitérée d'un grand nombre, que je me suis décidé à mettre à leur portée les applications purement graphiques dont je me suis servi moi-même, en 1851, pour la construction d'un Pont biais à 45 degrès, de 7 mètres d'ouverture, construit sous le Chemin de Fer de Bordeaux à Tours, pour le passage du chemin de grande communication n° 16, de Libourne à Izon.

Les dessins de ce Pont m'ayant été donnés par M. Gonnaud, ingénieur ordinaire des Ponts-et-Chaussées, sous lequel ces travaux se sont exécutés, il me donna aussi pour indication d'appareil à suivre, celles qui sont relatées dans le *Manuel des Ponts-et-Chaussées*, par l'ingénieur Buck.

La méthode de cet auteur, pour la science de l'ingénieur, est très-belle, sans doute, mais ses détails sont trop étendus et trop compliqués en même temps, pour que le praticien s'y arrête et puisse même s'y reconnaître, étant habitué à opérer plutôt par des lignes que par des chiffres ; le tracé de son épure me parut trop confus et celui de sa coupe de pierre très-long.

Je crus donc rechercher, en pratique, une méthode qui, dans les deux cas, étant aussi juste que simple, remplit les mêmes conditions en donnant moins de travail à l'appareilleur, sans embarras, abrégeant celui des tailleurs de pierres, diminuant même la surveillance qu'il faut exercer sur eux dans la confection de ce travail assez difficile et dont il n'ont pas l'habitude.

Je mis la main à l'œuvre, et les résultats que j'en obtins furent si favorable sous tous les rapports, que j'en reçus les éloges de MM. les Ingénieurs. Je crois donc assurer, en les rendant publics, qu'ils le seront aussi pour ceux qui s'en serviront.

Néanmoins, pour en faire usage, il faut avoir quelques connaissances de géométrie et bien se pénétrer ce travail fait; c'est pour cela que j'accompagne cet ouvrage, outre l'épure, de plusieurs autres dessins qui ne seront pas inutiles pour son intelligence. Car, n'ayant donné ici la description que de ce qui est strictement nécessaire dans l'épure pour la coupe de pierre d'un Pont à appareil hélicoïdal, ce serait encore très-confus pour ceux qui n'ont fait aucune étude de ce genre, malgré que tous les développements que j'en donne le mette à la portée des esprits les plus ordinaires.

ESSAI PRATIQUE

sur la construction

DES PONTS OBLIQUES

A APPAREIL HÉLICOÏDAL,

Par E. ORMIÈRES,

Entrepreneur de travaux publics et Dessinateur Architecte.

Description de l'épure du pont biais à 45 degrés, de 7 mètres d'ouverture entre les pieds-droits et en plein cintre, à appareil hélicoïdal, construit en 1851 pour le passage, sous le chemin de fer de Tours à Bordeaux, du chemin de grande communication n° 16, de Libourne à Izon.

DONNÉES *(Planche n° 1)*.

Cette arche étant un demi-cylindre ayant 7 mètres de diamètre, dans sa section droite, tronqué à 45 degrés d'obliquité sur ses deux bases parallèlement espacées à une distance de 8^m 30, formant les deux têtes de l'arche, donne pour plan d'établissement un parallélogramme ayant 11^m 738 dans ses grands côtés qui forment la longueur des pieds-droits entre les deux têtes, et. 9^m 8995 dans ses petits côtés qui forment l'ouverture de l'arche, par tête, entre les pieds-droits.

ÉTABLISSEMENT *(figure 1)*.

Ayant les données ci-dessus, j'ai commencé par tracer, sur l'aire en carreaux destiné à recevoir mon épure, la ligne *A B*, ayant 11^m 738 de longueur, pour servir à un côté des pieds-droits. A une longueur de 7^m du point *A*, sur cette ligne, j'ai élevé la perpendiculaire *C D*, ayant la même longueur de 7^m, et du point *D*, j'ai mené une parallèle *D E* à la ligne *AB*, d'une longueur indéterminée, pour servir de deuxième côté des pieds-droits; j'ai rapporté ensuite perpendiculairement et à une distance de 0^m 70 en dehors des lignes *A B* et *D E*, leurs parallèles *G H*, *F I*, qui donnent l'épaisseur de la voûte; puis j'ai mené des points *A* et *D* une droite que j'ai fait dépasser de 0^m 999 à droite et à gauche de ces points en *F* et *G*, pour servir de tête de pieds-droits. Cette dernière ligne *F G* doit faire avec la ligne *A B* un angle de 45 degrés, ou la moitié d'un angle droit, et détermine la portion du parallélogramme d'établissement.

CINTRE SECONDAIRE *(fig. 2)*.

Sur l'un des côtés *G H* du parement extérieur des

pieds-droits, j'ai élevé un cintre secondaire, représentant la moitié de la section droite du demi-cylindre ou de l'arche, en prenant du point *G* un rayon de 4ᵐ 20 reporté de *G* en *H*, servant à décrire l'extrados *G K*, et du point *H*, comme centre, avec un rayon de 3ᵐ 50 j'ai décrit l'intrados *L M*.

L'arche devant être clavée par 33 voussoirs, soit 16 ¹/₂ pour la moitié d'une tête, j'ai divisé le cintre secondaire en autant de parties *a, b, c, d, e, f*, etc. Du point de centre, je fis rayonner ces divisions par des lignes menées de l'intrados à l'extrados de ce cintre, et j'en descendis sur sa base toutes leurs retombées *a', b', c', d', e', f'*, etc., et sur l'axe tous leurs relèvements *a'', b'', c'', d'', e'', f''*, etc., etc.

DÉVELOPPEMENT D'UNE TÊTE INTRADOSSALE *(fig. 3.)*.

On obtient le développement de la section droite du demi-cylindre en portant successivement sur une ligne droite les 33 divisions développées du cintre secondaire *a, b, c, d, e, f*, etc. *(fig. 2)*; mais on l'obtient plus juste aussi en multipliant son rayon par le rapport de la circonférence au diamètre, soit pour l'intrados 3ᵐ 50 × 3.14159 = 10ᵐ 995, et pour l'extrados 4ᵐ 20 × 3.14159 = 13ᵐ 1947.

J'ai, par conséquent, porté sur la droite *N O* une longueur de 10ᵐ 995, ou les 33 divisions du cintre secondaire pour développement droit de l'intrados de la voûte, à l'extrémité de laquelle j'ai élevé une perpendiculaire $O\,P$ ayant 7^m de longueur, obliquité de l'arche, et j'ai joint le troisième côté de ce triangle par la ligne $N\,P$, qui m'a donné $13^m\,034$ de longueur, laquelle se trouvera divisée en 33 parties $p,\ p',\ p''\ p'''$, etc., en prolongeant parallèlement aux côtés $P\,O$ ou $N\,V$, jusque sur elle, les 33 divisions du cintre secondaire portées entre $O\,N$.

Ayant abaissé une perpendiculaire au milieu de $N\,O$, j'ai obtenu $Z\,Q$, axe du développement. Du point Q, moitié de $N\,P$, j'ai mené $Q\,R$ parallèle à $N\,O$, et sur cette ligne j'ai porté successivement, de R en Q, les 16 divisions $^1/_2$, ayant 0.3332 chacune, $a,\ b,\ c,\ d$, etc. *(fig. 2)* du cintre secondaire, prises de L à M, de chacun de ces points j'ai fait passer des parallèles à $O\,P$, prolongées au-delà de $Q\,P$, et qui ont coupé cette dernière en autant de parties, aux points $p,\ p',\ p''$, etc., etc., qui déterminent la largeur des claveaux ou de la douelle intradossale à $0^m\,395$ chaque. J'ai ensuite porté successivement de P à R toutes les retombées $a',\ b',\ c'd'$, etc. *(fig. 2)* de ces mêmes divisions, prises de L à H du cintre secondaire, et j'ai mené de ces points des parallèles à $Q\,R$. Les points de croisement de ces lignes sont les points de raccord $o,\ o',\ o'',\ o''',\ o''''$, etc. du demi-développement de la tête de la voûte. Pour avoir l'autre côté, j'ai reporté de N à Z les 16 divisions $^1/_2$ du cintre secondaire, prises de L à M, et toutes les retombées de Z à Q prises de L à H *(fig. 2)*, et opérant de la même manière que ci-dessus, j'ai ainsi déterminé le développement entier, en plan, de la ligne de tête ou de la section oblique du demi-cylindre.

Le lit continu de dessous de la première douelle de gauche, $Y y$ devant faire, dans ce cas, lit de contre-clef sur l'autre tête de l'arche, et y étant compris jusque-là 16 voussoirs, je fus obligé de diviser ma longueur de pied-droit $P Y$, qui est de $11^m 738$, en 16 parties égales, pour y établir les 16 coussinets ou redens qui donnent naissance à chaque rang de voussoirs, ce qui me donna pour chacun d'eux une longueur de $0^m 7335$.

J'ai porté ces longueurs sur la ligne $P Y$ en p, p', p'', p''', etc.. et sur celle $N V$ en p, p', p'', p''', etc. J'ai joint la première longueur du coussinet p avec la première division de claveau p, le deuxième coussinet p' avec la deuxième division de claveaux p', etc., etc. En opérant ainsi par une série de parallèles passant toutes par la division des claveaux, et en prolongeant ces lignes jusque sur le développement de tête, j'ai obtenu sur celui-ci les angles ou la configuration qu'elles faisaient ensemble, et la largeur des claveaux sur la section éliptique d'obliquité ou élévation de l'arche.

On pourra s'assurer de la direction des parallèles des lits que je viens de décrire en prolongeant la ligne du lit continu de la contre-clef y, qui doit avoir $9^m 93$

jusqu'à la rencontre du côté $Y\,P$, et doit former avec celui-ci un angle de 32°, 34', 35", et avec la base $Q\,P$ un angle de 89°, 54', 23".

On voit par là que ces lignes ne sont pas des perpendiculaires à la ligne $N\,P$, comme on pourrait se le figurer, puisqu'elles ne forment pas avec elle un angle droit. Néanmoins il est bon d'observer que, dans tous les cas, la base du tracé des trajectoires ou lits continus des douelles pp, $p'p'$, $p''p''$..... $y\,Y$, etc., doit être une perpendiculaire à la ligne $N\,P$, qui joint les points extrêmes du développement trouvé, ou au moins s'en rapprocher le plus possible, en prenant pour direction les divisions des têtes et des coussinets qui s'en rapprochent le plus.

Semblablement, la base du tracé des lignes des joints discontinus devant être la perpendiculaire aux trajectoires, lits continus, ou au moins celle qui s'en approche le plus, est dans tous les cas, alors, une parallèle à $N\,P$.

Donc, en tirant une droite de la longueur du premier coussinet de droite p, à la longueur du premier coussinet de gauche p, du deuxième coussinet de droite p', au deuxième coussinet de gauche p', etc.. etc., alternativement entre chaque rang de douelles, j'ai obtenu les lignes joints ou longueurs de chaque voussoir dans la voûte. On a abandonné leur tracé à la 16ᵉ douelle de droite par tête, parce que l'hélice du joint continu, allant de droite à gauche, aurait rencontré ou passé trop près de la section d'obliquité de la tête de l'arche.

Les lignes des lits continus et des joints tracés droits sur les développements donnent précisément, en exécution, enroulés dans le cylindre intradossal et extradossal de la voûte, des spirales qui forment l'hélice des voussoirs.

Le tracé du développement du cylindre ou de l'arche étant donné dans son obliquité de tête, dans ses lignes, lits et joints, il sera facile, ainsi qu'on le voit, de lever le plan qu'aura dans l'intrados chaque douelle de tête par des panneaux. Tant qu'aux plans intradossaux des douelles intérieures, étant renfermées dans des parallèles de lignes lit et lignes joints, elles auront, par conséquent, chacune le même plan ; il suffira donc de lever un panneau qui servira pour toutes. Ces panneaux devront être en matière flexible, en feuilles de zinc, par exemple, pour qu'ils puissent s'appliquer parfaitement dans le creux de la douelle.

Je me borne à donner sur l'épure les dimensions cotées de chacun d'eux ; cependant, et pour vérification du tracé des lignes joints, il est bon de dire que, sur la longueur Yy, de $9^m\,93$, si on en sort les deux longueurs des voussoirs de tête sur cette ligne, qui font ensemble $2^m\,495$, il restera donc $7^m\,435$ pour la longueur des six douelles courantes, qui fera pour chacune $1^m\,239$ de longueur ; et que chaque point de rencontre de la ligne joint avec la ligne lit doit toujours être tangent à une ligne de division du cintre secondaire qui a servi au développemet du cylindre.

DÉVELOPPEMENT D'UNE TÊTE EXTRADOSSALE (*fig. 3*).

Malgré que l'on n'ait pas besoin de ce développement pour la taille de pierre, on en a cependant besoin pour faire la commande de pierre et pour avoir la largeur de chaque douelle par tête de l'arche. Il s'obtient de la même manière que celui de l'intrados en ajoutant deux hauteurs ou deux divisions de douelles de plus pour donner l'extrados des coussinets. Je pense que le dessin de l'épure suffira pour en faire comprendre les données, et pour y suppléer, je donne (*planche n° 2*) le tracé géométrique de ces deux développements séparés, et (*planche n° 7*) leurs tracés superposés. [1]

ÉLÉVATION D'UNE TÊTE DU PONT (*fig. 4*).

Pour éviter les éguités qu'auraient les douelles qui

---

[1] En exécution pour rendre le tracé de l'épure des développements *fig*. 3 plus intelligible, on trace les lignes qui le composent en diverses couleurs; ainsi les lignes provenant des divisions du cintre secondaire, tracées ici par des lignes ponctuées à petits points ronds, peuvent être tracées avec un cordeau frotté au blanc d'Espagne, cela est suffisant pour la nécessité qu'on en a. Les lignes indiquant le développement de l'intrados, tracées ici par des lignes plaines doivent être tracées sur l'épure avec un poinçon dans la la rainure duquel on repasse avec de la pierre noire de maçon ou un crayon noir de charpentier. Enfin, les lignes indiquant le développement de l'extrados tracées ici par des lignes ponctuées à points longs et ronds peuvent-être tracées au crayon rouge.

N'ayant pu faire ici dans le tracé de ces lignes cette diversion de couleur, c'est pour cela qu'on les a indiquées par le tracé de lignes différentes.

reposeraient immédiatement sur les pieds-droits, on les a placées sur des coussinets ou redents, qui portent eux-mêmes un carré pour onglet de $0^m 10$ de hauteur.

J'ai donc tracé $T U$ représentant la ligne d'établissement des coussinets et $S X$ la ligne de naissance du cylindre ou de l'arche, à une distance de $0^m 10$ parallèles entr'elles. J'ai remonté les points $A D$ (fig. 1), longueur de l'ouverture de l'arche entre les pieds-droits, et $F G$ épaisseur de la voûte dans sa section d'obliquité, sur la ligne $S X$.

J'ai pris toutes les retombées intradossales des divisions du cintre secondaire a' b' c' d', etc., comprises entre L et H (fig. 2) et les ai reportées sur la ligne $C D$ (fig. 1) de C en V et de D en V et de tous ces points j'ai fait passer des parallèles aux lignes $A B$, $D E$ jusqu'à la rencontre de la ligne $A D$ sur laquelle elles m'ont donné les divisions a, b, c, d, etc, que j'ai reportées sur la ligne $S X$ entre W W et remontées perpendiculairement à la hauteur des retombées des divisions desquelles elles dérivent dans le cintre secondaire; ainsi, a', a de l'élévation de tête égal à a', a du cintre secondaire, b', b égal à b', b, c', c égal à c', c, etc., et j'ai fait passer par tous ces points un cintre de raccord ou courbe intradossale.

J'ai répété la même opération pour l'extrados et j'ai obtenu la section oblique du cylindre ou l'élévation de la tête de l'arche.

J'ai ensuite porté successivement sur ces lignes de raccord toutes les divisions ou largeurs de douelles trouvées sur le développement de la tête (*fig. 3*), tant intradossales qu'extradossales de P à z, z', z'', etc., et de N à z, z' z'', etc, reportées de W à z, z', z'', etc., et de W à z, z', z'', etc., et je les ai réunies par des droites. Car, bien qu'en réalité ces lignes étant le résultat de l'hélice du lit coupé hors de la perpendiculaire à la génératrice du cylindre, elles devraient être courbes, mais on peut les tracer droites sans inconvénient ayant très-peu de courbure. Si d'ailleurs on tenait à ce qu'elles le soient, il faudrait faire entre les deux raccords de l'intrados et de l'extrados de la voûte en développement (*fig. 3*), un ou plusieurs raccords qui donneraient autant de mêmes points et raccords sur la tête d'élévation, en opérant toujours de la même manière que pour les deux ci-dessus décrits.

FOYER DES LITS DE DOUELLES SUR LA TÊTE DE L'ARCHE
(*fig. 4*).

Les droites représentant les lits de douelles sur la tête de l'arche ont toutes un point commun de rencontre, ou foyer, sur l'axe du cylindre. Je vais le déterminer d'abord mathématiquement.

Multiplier le rayon intradossal $3^m 50$ par le rayon extradossal $4^m 20$, qui produira $14^m 70$, puis multiplier la moitié du rapport 3.14159 de la circonférence au diamètre, soit 1.57 par le rayon intradossal 3^m 50 produit 5^m 495, et enfin diviser le premier produit par le second, et on obtiendra la longueur 2^m 67 égal à la distance $J\,O$ sur l'axe du cylindre, de l'éloignement du foyer des rayons des lits de têtes. En d'autres termes, $J\,O$ sera égal au rayon multiplié par la cotangente de l'angle d'obliquité du pont et par la tangente de l'angle héliçoïdal de l'extrados.

Pour déterminer graphiquement la distance $J\,O$, il suffit de construire un triangle rectangle *(voir le croquis planche n° 1, fig. 17)*, dont l'angle droit est en b, faites $a\,b$ égal au rayon extradossal 4^m 20 et faisant avec $b\,c$ un angle $b\,c\,a$ égal à l'angle d'obliquité de l'arche, soit 45°. Ensuite tirez la ligne $c\,d$ faisant l'angle $b\,c\,d$ égal à l'angle héliçoïdal de l'intrados, soit 32°, 34', 35", et abaissant la perpendiculaire $a\,b$, $b\,d$ égalera $J\,O$.

PROJECTION DES LIGNES, LITS ET JOINTS INTRADOSSALES
EN PLAN (fig. 1).

J'ai descendu perpendiculairement sur la ligne $S\,X$ toutes les arêtes intradossales de douelles z, $z'\,z''$ de l'élévation de tête *(fig. 4)* que j'ai rapportées entre $D\,A$ aux points z, $z'\,z''$, etc.

J'ai pris sur le développement *(fig. 3)*, la longueur du premier coussinet $P\,p$ que j'ai portée de A en x, la longueur du deuxième coussinet $p\,p'$ reportée de x en x', etc., également sur l'autre pied-droit de D en x, de x en x', etc., et menant de ces points des perpendiculaires aux côtés des pieds-droits, j'ai obtenu la direction qu'avaient les coussinets dans leurs épaisseurs.

J'ai pris sur la ligne $o\ a$ (*fig. 3*) du côté de l'angle P les longueurs qu'ont sur cette ligne les lignes lit de dessus du 2me et 3me voussoirs o, u, u' que j'ai reportées sur la ligne $a\ a'$ (*fig. 1*). J'ai pris sur la ligne o', b (*fig. 3*) les longueurs qu'ont sur cette ligne les lignes lit du dessous du 3me et 5me voussoirs o', i, i' que j'ai rapportées sur la ligne b, b' (*fig. 1*). J'ai pris sur la ligne o'', c les longueurs qu'ont sur cette ligne les lignes lit de dessus du 4me et 5me voussoirs o'', n, n' que j'ai reportée sur la ligne c, c', etc., etc. Et successivement j'ai pris ainsi de P à Q et de N à Q toutes les arêtes des longueurs de voussoirs de tête tangentes aux divisions a, b, c, d, etc., du cintre secondaire dont on s'était servi pour faire le développement de la tête intradossale de la voûte que j'ai reportées sur les retombées de ces mêmes divisions a', b', c', d', etc. (*fig. 1*), tracées entre les pieds-droits.

Le raccord de tous les points obtenus par cette opération, m'a donné la projection en plan des lignes, lits et joints intradossales des voussoirs de tête. (*Voyez pour plus d'intelligence la projection de ces lignes, tant intradossales qu'extradossales superposées en plan et dans une coupe longitudinale, planche n° 6*).

Au lieu de chercher à raccorder ces points par des

courbes, il suffit, en grand, de les joindre par des droites; cela est suffisant pour la nécessité qu'on en a.

PROJECTION DES LIGNES LITS ET JOINTS INTRADOSSALS EN ÉLÉVATION PAR UN PLAN PARALLÈLES AUX TÊTES *(fig. 4.)*

Pour avoir cette projection il suffit de relever perpendiculairement sur la ligne A D *(fig. 4)* toutes les arêtes de voussoirs en projection que nous venons de décrire, de rapporter l'écartement de ces points entre W W et de les remonter perpendiculairement en les arrêtant aux lignes de relèvement a, b, c, d, etc., du cintre secondaire tracé dans l'élévation auxquelles elles appartiennent; ainsi, on arrêtera les arêtes provenant de la première retombée a, a' au premier relèvement a'', celles provenant de la deuxième retombée b, b' au second relèvement b'', etc., etc., et on fera passer par tous ces points obtenus un raccord qui donnera la projection des voussoirs de tête dans la voûte.

Au lieu de raccorder ces points par des courbes on peut encore, comme je viens de le dire, se contenter de les joindre par des droites.

ANGLES QUE FORMENT LES DEUX POINTS EXTRÊMES INTRADOSSAUX DES LITS DE DOUELLES AVEC LEURS TÊTES *(fig. 7)*.

J'ai tracé la ligne droite a b représentant la constante des lignes lits sur l'arête de la tête des douelles.

Pour obtenir l'angle qui passe par cette ligne et le point extrême de la douelle en pénétration dans la voûte, j'ai fait l'opération suivante que je vais démontrer dans deux cas seulement, les autres étant toujours les mêmes.

Pour l'angle que forme la ligne lit de dessus c, d, e, de la 9me douelle de droite *(fig. 4)*, j'ai prolongé la ligne droite $c\,d$ jusqu'à la perpendiculaire à cette ligne élevée du point f au point e; j'ai pris la longueur d, f que j'ai reportée en i *(fig. 7)* sur la perpendiculaire $a\,j$ élevée sur la ligne $a\,b$. J'ai ensuite élevé une perpendiculaire sur la ligne $D\,A$ *(fig. 1)* au point extrême h du lit de cette douelle, j'ai pris cette hauteur et l'ai reportée de a en g *(fig. 7)* sur le prolongement de la droite $a.\,b.$, les perpendiculaires élevées aux points g et i m'ont déterminé par leur intersection avec la droite $a\,b$ l'angle des trois points $c.\,d.\,e.$ *(fig. 4)* de la 9me douelle 16me lit de droite.

Pour l'angle que forme la ligne lit de dessus k, m, n de la 8me douelle de gauche *(fig. 4)*, j'ai abaissé la perpendiculaire à $k\,m$ du point n au point o, j'ai pris la longueur $m\,o$ que j'ai reportée de a en s sur la droite $a\,b$ *(fig. 7)*, j'ai ensuite descendu perpendiculairement à DA *(fig. 1)* le point p de cette douelle, ayant pris cette hauteur je l'ai reportée de a en r sur la ligne $a\,j$ *(fig. 7)*; les perpendiculaires élevées aux points s et r m'ont déterminé par leur intersection avec la droite $a\,b$, l'angle des trois points k, m, n *(fig. 4)* de la 8me douelle, 17me lit de gauche.

CONDENSATION DES JOINTS *(fig. 5)*.

Ayant tracé dans le cintre secondaire *(fig. 2)* la projection en face de l'intrados d'une douelle intérieure $a.\,r.\,r'.\,r''$ dont les arêtes passent par les relèvements des divisions de ce cintre ainsi qu'on le voit dans le développement *(fig. 3)*, la ligne lit d'un de ces voussoirs occupe deux divisions tandis que la ligne joint n'en occupe qu'une, il est donc bien aisé de reconnaître que la première division $L\,a\,G\,s$ du cintre secondaire de l'intrados à l'extrados de ce cintre représente la projection par bout du voussoir, tandis que la division $b\,c$ $t\,v$ représente la projection de l'autre bout, position qu'ils occupent en projection plan, l'un par rapport à l'autre, dans la section droite du cylindre de la voûte.

J'ai pris respectivement la position de projection plan du point $b.\,c,\,t\,v$ de ce voussoir, et je l'ai condencé par son centre o au centre o' de la projectien plan du joint $L\,a,\,G\,s$, la différence de position trouvée entre la condensation de ces deux projections plans et l'écartement de ses arêtes m'a précisément donné le gauche qui existe dans chacun de ses voussoirs.

LEVÉ DES BEUVEAUX *(fig. 5 bis)*.

Pour obtenir le levé des beuveaux j'ai mis en plan géométral les arêtes de la projection plan de l'un des

bouts du voussoir représenté par une division *c d, v l*
prise à volonté à l'extrados de laquelle on fera passer
la tengente *u u*. On remontera sur cette tengente les
arêtes *d l* qui y donneront les points *2* et *4*. L'hélice
du joint montant de gauche à droite dans la voûte, on
fera dépasser les perpendiculaires menées des points
c et *v* de droite de cette division au—dessus de la tengente, de la hauteur de l'écartement perpendiculaire du
pas de l'hélice ou du joint pris de *r'* à *r"* *(fig. 2)* qui est
de 0^m, *218*, ce qui a donné les points *1* et *3* ; et on
réunira par une droite les points *1* et *2*. Ayant remonté
le centre *o* de la division *c d, v l* jusqu'à la rencontre
de la ligne *1* et *2* on la remontera perpendiculairement à cette dernière sur laquelle de la ligne *1, 2* on
portera la flèche trouvée entre la droite, ou corde, ti-
rée de *c* à *d* et la courbe ou arc de cette division, qui
déterminera le point de raccord de la courbe ou
concavité de ladouelle intradossale. On n'aura ensuite qu'à porter sur ces points de raccords l'é-
paisseur de la douelle $0^m 70$ par des arcs de cercles
qui devront se couper sur l'axe *o'* ; du point *1*
au point *6* sur la perpendiculaire à la ligne *1.2* élevée
au point *3* et du point *2* au point *5* sur la perpendiculaire à la même ligne élevée au point *4*. Raccordant
les points *5* et *6* on obtiendra la courbe de l'extrados ,
et en joignant par des droites les points *1* et *6*, *2* et *5*,
on aura défini le plan géométral d'un joint d'une
douelle.

Ayant condensé par leurs axes un plan semblable 7, *8, 9* et *10* par le centre *0'* du plan trouvé de la même manière que les projections plans *L a, G s, bc, vl* cela m'a servi à lever et tracer mes beuveaux.

BEUVEAU PARALLÈLE D'UNE DOUELLE ORDINAIRE (*fig. 5 bis*).

J'ai commencé par lever sur le plan *7. 8. 9* et *10* un beuveau en bois de chêne et dont l'épaisseur était de 0^m, 04 environ et la largeur des branches de 0^m, 10 parallèles aux côtés *7* et *8* et aux points de douelles *7* et *9*. J'ai obtenu ainsi le beuveau dit parallèle.

BEUVEAU GAUCHE D'UNE DOUELLE ORDINAIRE (*fig. 5 bis*).

Ce beuveau se fait de la même épaisseur, mais pour la largeur un côté s'appliquant contre le plan *1. 2. 5* et *6* au côté *2. 5* et ayant l'autre côté de cette branche passant à 0^m 10 du point *2* mais parallèle au côté *7, 8* de l'autre plan, cela m'a donné le gauche 0^m 15 dans le lit de la douelle d'un joint à l'autre ; puis pour l'au-tre branche en menant une parallèle aux points *7. 9* passant à 0^m, 10 du point *1*, cela m'a donné le gauche 0^m, 07 dans l'intrados de la douelle d'un joint à l'autre, et j'ai obtenu le beuveau dit gauche.

BEUVEAU GAUCHE D'UNE DOUELLE DE TÊTE (*fig. 13*).

Comme les douelles de tête ont plus ou moins de

longueur qu'une douelle ordinaire dont la taille s'effectue avec le beuveau gauche que je viens de décrire ,
j'ai tracé sur ce beuveau deux arcs de cercles gradués
par centimètres qui m'ont servi à déterminer, soit par
tête soit par lit, le gauche de la douelle que j'avais à
tailler suivant sa longneur en diminuant ou augmen-
tant 0,00565 par chaque décimètre de longueur en
plus ou en moins d'une douelle ordinaire pour son intrados et 0,0121 pour son lit.

PANNEAU DE LIT ET CERCE DE DOUELLE ORDINAIRE ($fig.\ 6$).

Pour obtenir la courbe intradossale que forme l'hélice qui passe par la ligne lit d'une douelle ordinaire
$a\,r''$ ($fig.\ 2$), par exemple, dont le pas est inscrit dans
le développement par deux divisions du cintre secondaire $a\,c$, $s\,v$, j'ai mené une tangente à l'extrados de ces
deux divisions sur laquelle j'ai remonté perpendiculairement les points $a\,s$. Puis le pas de l'hélice du lit
montant de droite à gauche, j'ai remonté les points $c\,v$
de gauche de cette division en les faisant dépasser de
$1^m\,05$ hauteur prise de a à r'', et opérant de la même
manière que pour mettre en plan ($fig.\ 5\ bis$) les arêtes
du joint 1, 2, 5 et 6, j'ai obtenu les arêtes a, b, c et d
plan géométral du lit.

On lèvera une cerce ronde de la courbe $a\,b$ qui servira à creuser la douelle suivant la longueur de son lit
et on lèvera un beuveau passant par les lignes a, b, d

ou b, a, c pour tracer la direction des joints dans l'épaisseur de la voûte. Je me suis servi aussi d'un panneau de zinc embrassant les quatre arêtes a, b, c et d, lequel se prêtant au gauche du lit en fait le tracé aussi juste et beaucoup plus abrégeatif.

COMMANDE DE PIERRES.

Quand l'épure est faite et arrêtée ainsi que je viens de la décrire et de la dessiner sur la planche n° 1, il convient de faire sa commande de pierres; je vais expliquer comment j'ai opéré pour quelques cas, les autres se prenant de la même manière.

COMMANDE D'UN COUSSINET (*fig. 12*).

Sa base a pour un côté le $^1/_{16me}$ de la longeur du pied droit $\dfrac{11^m\ 738}{16} = 0,7335$; pour l'autre la largeur ou épaisseur du pied droit soit $0^m\ 70$ mais qu'il faut porter à $0^m\ 73$ à cause de la retombée de son intrados dans l'arche; cette retombée est la différence de la droite passant par les points x, x' et une autre droite parallèle qui passerait par le point u (*fig. 1*) ou en prenant la distance de L à a' qui est la retombée de la première division a (*fig. 2*) on obtient ainsi son panneau de lit.

Pour éviter un déchet considérable de pierre qu'on

serait obligé de perdre si l'on commandait les coussinets d'après ce panneau de lit et sur une hauteur d'as-
sise de 0,53 on donne aux carriers un second panneau
dit de parement, pour l'obtenir il faut prendre sur le
développement de l'extrados (*fig. 3*) le triangle qu'il
forme avec sa ligne de base et y ajouter en dessous
0^m 10 de hauteur pour le carré du coussinet ; on observera toutefois, dans l'application de ce panneau,
que le côté du joint, ou le plus incliné, doit toujours
être à droite en regardant la pierre par son intrados
pour les ponts dont l'obliquité est de droite à gauche
et l'inverse pour ceux qui sont obliques de gauche à
droite.

COMMANDE D'UNE DOUELLE COURANTE (*fig. 10*).

Cette pierre a pour côtés les plus grands rectangles
inscrits entre ses arêtes ; son panneau de joint s'obtient
en prenant pour dimension de son petit côté la largeur
que donne cette douelle à l'extrados (*fig. 3*) soit 0^m 45
et en y ajoutant le gauche moyen qu'elle donne dans
ses lits par la condensation de ses deux joints, soit
$\left(1^m,239 \times 0^m,121 = \frac{0,1499}{2} \right) = 0.075$, ce qui produit
0^m 525 pour sa largeur que j'ai portée à 0^m 52 seulement,
parce que ces pierres n'étant pas vues en dessus, il
importe fort peu que les arêtes de l'extrados soient
parfaitement vives ; son autre côté s'obtient en addi-
tionnant l'épaisseur de la voûte, soit 0^m 70 avec le

gauche que donne son intrados ($1^m 239 \times 0.0565 =$)=
0,07 et on a 0.77 pour son épaisseur, réduit à $0^m 75$
par la même raison que ci-dessus. Sa longueur est
celle de cette douelle à l'extrados (*fig. 3*) qui est de
$1^m 31$ plus le hors d'équerre du joint, soit $0^m 07$, ce
qui donne $1^m 38$.

COMMANDE D'UN 1er COUSSINET DE GAUCHE (*fig. 11*).

Son panneau d'équarissage de tête s'obtient en prenant sur l'épure (*fig. 3*) la largeur de la douelle à
l'extrados $0^m 45$, et en y ajoutant le gauche moyen à
cette longueur, qui est de $0^m 075$, plus la pierre qui
est nécessaire au balancement de l'onglet, soit $0^m 045$,
cela donne pour un côté $0^m 57$; l'autre est l'addition
de l'épaisseur de la voûte $0^m 70$ avec le gauche moyen
de l'intrados et de l'extrados à cette longueur, soit
$0^m 10$, cela donne $0^m 80$; sa longueur pour former
les panneaux de parement et de lit s'obtient en addi-
tionnant la longueur de cette pierre à l'extrados, soit
$1^m 844$, avec le gras du joint dans la voûte, soit $0^m 035$,
et on y ajoute le carré $0^m 10$ pour l'onglet sur l'angle,
cela donne $1^m 97$.

COMMANDE D'UN 1er COUSSINET FORMANT 1re DOUELLE DE DROITE (*fig. 14*).

Son panneau de lit s'obtient en prenant les plus

grandes dimensions que donne sa projection $G\,A\,b\,x\,g$ sur l'épure (*fig. 2*), et son panneau de parement a du côté gauche, la hauteur de l'onglet du coussinet 0ᵐ 10, et du côté droit, sa plus grande hauteur extradossale que donne son développement (*fig. 3*), soit 1ᵐ 03, plus l'onglet du coussinet 0ᵐ 10 et la différence du prolongement de la ligne inclinée du lit de dessus à l'arète du parement, soit 0ᵐ 07, ce qui donne en tout 1ᵐ 20.

COMMANDE DU 5ᵐᵉ VOUSSOIR DE TÊTE A GAUCHE (*fig. 15*).

Son panneau de parement est pour la longueur, celle, la plus grande, prise sur le développement intradossal (*fig. 3*), soit 0ᵐ 665, additionnée avec le hors d'équerre du gras du joint 0ᵐ 035, ce qui donne 0ᵐ 70, et sa largeur est celle d'une douelle à l'extrados 0ᵐ 45, additionné avec le gauche des arètes de ses lits, soit 0ᵐ 008, ce qui donne 0ᵐ 458; son panneau de lit a, pour le côté du parement, la même longueur que celui-ci 0ᵐ 74, et pour l'autre côté ou le dessus, la plus grande longueur qu'elle a à son extrados 0ᵐ 14; enfin, son épaisseur est celle de la voûte même 0ᵐ 70, cette pierre n'ayant que 0ᵐ 004 de gauche dans son intrados.

COMMANDE DU 5ᵐᵉ VOUSSOIR DE TÊTE A DROITE (*fig. 16.*)

Le parement a pour hauteur l'épaisseur de la voûte

à l'extrados $0^m 45$, plus le gauche moyen dans ses lits à cette longueur $(2^m 495 \times 0^m 121 = \frac{0^m 30}{2}) = 0^m 15$, ce qui donne $0^m 60$. La largeur du panneau de lit est celle de l'épaisseur de la voûte $0^m 70$, plus le gauche moyen de son intrados à cette longueur $(2^m 495 \times 0^m 0565 = \frac{0^m 14}{2} = 0^m 07$, ce qui donne $0^m 77$. Sa longueur pour le côté de l'intrados est celle qu'a cette pierre, soit $1^m 839$, plus, le hors d'équerre et le gras du joint, soit $0^m 105$, ce qui donne $1^m 944$. Enfin, sa longueur pour le côté extradossal, celle la plus grande prise sur le développement (*fig. 3*), soit $3^m 495$; plus, le gras de sa tête $0^m 045$, ce qui donne $2^m 54$.

Comme on le voit par ce qui précède, pour bien faire cette commande de pierre, il faut rabattre en plan simultanément toutes ces faces et les condenser avec la face opposée pour tenir compte de leurs gauches et inscrire les côtés des panneaux aux arêtes les plus saillantes moyennement condensées.

La commande de ces pierres doit-être une chose très-sérieuse pour l'appareilleur, car, vu leurs dimensions et leurs difficultés d'extraction, les prix d'achat et de transport sont toujours très-élevés; il convient donc de la faire avec la plus grande exactitude; on recommande toutefois aux carriers de tenir quelques centimètres de plus que les dimensions demandées par les panneaux pour tenir compte des imperfections d'extraction et des écornures qui peuvent s'effectuer dans le bardage.

TAILLE DE LA PIERRE.

Pour la taille de pierre de ce pont et pour conduire son appareil, il faut avoir : les panneaux en zinc de toutes les douelles intradossales de tête, celui d'une douelle courante et d'un coussinet (*fig. 3*), celui du lit d'une douelle courante (*fig. 6*), celui de toutes les têtes de voussoirs (*fig. 4*), l'éventail des angles (*fig. 7*), le beuveau droit (dit parallèle) et le beuveau (dit gauche (*fig. 5 bis*) ; enfin, le beuveau gradué pour douelle de tête (*fig. 13*).

Avec ces panneaux, angles et beuveaux soigneusement pris et après avoir fait sa commande de pierre , on peut construire ce pont sans plus avoir besoin de l'épure; son tracé, comme on le voit, peut être fait dans tout autre lieu que celui de l'exécution, si le cas l'exige; cependant, il est toujours assez bon que l'appareilleur puisse l'avoir sous les yeux en cas d'erreur dans le relevé des pièces nécessaires.

TAILLE D'UNE DOUELLE COURANTE.

Le tailleur de pierre met en chantier une de ces pierres, le parement en dessus, c'est-à-dire ce qui est destiné à faire la douelle; il commence par faire une plumée au marteau ou au ciseau, suivant nature de la la pierre, sur l'arête de gauche d'un lit, en prenant $0^m 04$ environ de pierre vers sa douelle et venant à

0 à son extrados. Cette traînée parfaitement dressée à la règle, il y applique la branche droite d'un beuveau (dit parallèle), et par une autre plumée sur le parement, il le creuse de façon à y appliquer exactement la cerce ou côté rond de ce beuveau, qui donne ainsi le creux de l'intrados de la douelle.

Quand ce beuveau s'applique parfaitement dans ses deux plumées, il fait une nouvelle plumée sur le même lit, mais du bout opposé de la pierre et inverse de la première, c'est-à-dire, en prenant 0 de pierre vers son parement et chargeant de toute la pierre nécessaire vers son extrados, pour arriver de manière à ce que la branche droite de l'autre beuveau (dit gauche) qu'on y applique se dégauchisse par son dessus avec celui placé dans la première traînée ; quand il a réussi à ce dégauchissement, il creuse avec son même beuveau l'intrados de la douelle comme il l'a fait pour le premier côté. (*Voyez l'application de ces beuveaux, planche n° 6*).

Avec une règle droite sur le champ, mais dont le plat a pour cerce la courbe *a b* (*fig. 6*), il joint par une nouvelle traînée le haut des deux traînées du lit ; il en fait autant pour joindre le bas de ces deux traînées avec une règle semblable, mais ayant la courbe *c d*, même figure; puis il joint ensuite avec une règle droite ordinaire et par des traînées successives, ces deux dernières allant de haut en bas. Ainsi se termine le lit.

Prenant le panneau de zinc que l'on a levé sur *a*, *b c d* (*fig. 6*), il l'applique sur ce lit en faisant coïncider ses arêtes *a b* aux traînées faites sur l'intrados de la pierre et il en trace son contour à la pierre noire. Il applique de nouveau les deux beuveaux dont les branches doivent suivre la direction de la ligne *a c* pour le beuveau parallèle et *b d* pour le beuveau gauche, et il en vérifie le dégauchissement qu'il corrige au besoin.

Avec la cerce prise *a b* (*fig. 6*), il creuse l'arête d'intrados de la douelle en joignant les deux plumées faites par bout.

Après avoir placé sa pierre pour opérer la taille de l'autre lit, et après avoir tracé avec un échantillon qui a la largeur de la douelle, soit 0^m 395 [1], deux traits sur les deux traînées intradossales ; il fait, en retournant les beuveaux, deux autres traînées sur ce lit ; et coupe la pierre nécessaire, de manière à ce que les beuveaux, s'appliquant sur la plumée de l'intrados par leurs côtés ronds et passant par le trait fait avec l'échantillon de largeur, s'appliquent aussi contre le lit de la pierre taillée et doivent, après ce travail. se dégauchir par leur dessus, semblablement à ce qu'ils faisaient pour le premier lit. Il joint ensuite ces deux dernières plumées et termine ce lit comme il a déjà fait pour le premier.

---

[1] En exécution, ces dimensions doivent se réduire pour tenir compte de l'épaisseur du mortier dans les lits et les joints.

Avec la cerce *a b*, il creuse l'autre arête de la douelle et il finit de la creuser en joignant ces deux plumées avec le côté cercé d'un beuveau. On reconnaîtra que l'intrados est parfaitement creusé, quand on pourra y appliquer le cerce *a b* dans tout son parement par des lignes parallèles à sa longueur et que l'on pourra y faire courir un beuveau, d'un bout à l'autre de la pierre, dont la branche cercée s'appliquera dans le creux de la douelle en même temps que la branche droite sur le lit.

Quant il a reconnu la justesse de la taille de ses deux lits et de sa douelle; il applique dans le creux de cette dernière le panneau intradossal d'une douelle courante, qui a été relevé sur le développement *(fig. 3)*, en faisant coïncider les arêtes des joints de ce panneau avec celles tracées avec le panneau du premier lit; on observera toutefois, qu'en appliquant ce panneau et se trouvant sur le côté d'un lit, il faut que le joint gras se trouve du côté droit et le maigre par conséquent du côté gauche (ce serait l'inverse si le pont était biais de gauche à droite). Il trace ainsi la direction des joints dans l'intrados de la douelle.

Avec le panneau de lit *a b c d* (*fig. 6*), il trace également sur l'autre lit la direction des joints venant se raccorder aux arêtes fixées sur le parement par le panneau intradossal, et les joints se trouvant ainsi limités, on les taille avec une règle droite en suivant les traits donnés par les panneaux de lit.

TAILLE D'UN COUSSINET.

Après avoir dégauchi et taillé le lit de dessous, le tailleur de pierre y trace un parallélogramme qui a pour un côté 0.7335, représentant le $^1/_{16}^{me}$ de la longueur du pied-droit et de l'autre 0ᵐ 70 ou l'épaisseur de la voûte, en ayant soin qu'un de ces derniers côtés laisse, vers le parement destiné à faire l'intrados, 0ᵐ 03 de pierre brute ; il tombe d'équerre les deux côtés, pour avoir le carré ou onglet, de 0ᵐ 10 de hauteur, qu'il y trace. Avec un beuveau levé sur $G L a$ (*fig. 2*), mais auquel il ajoute un carré à l'intrados de 0ᵐ 10 en hauteur, et parallèle à $G L$, il taille son intrados, sur lequel il applique le panneau de coussinet levé sur le développement intradossal (*fig. 3*), qui détermine par son tracé le lit et le joint de ce coussinet ; avec le beuveau d'une douelle courante, il fait une traînée sur le lit, à son point de rencontre avec le joint, puis il achève ce lit de la même manière que pour une douelle courante ; enfin, avec le panneau de lit (*fig. 6*) il trace sur celui-ci la direction du joint, qu'il taille semblablement aussi à une douelle courante.

TAILLE DE LA CINQUIÈME DOUELLE DE TÊTE A DROITE. [1]

Après avoir cherché le gauche qu'a cette pierre à sa

[1] Comme la taille de toutes les douelles de tête s'effectue de la même manière, je me borne à décrire celle de la cinquième à droite. (*Voir la perspective de quelques douelles, que je donne* planche nº 5.)

plus grande longeur intradossale, soit pour 1^m 839 $\times$ 0.121 $=$ 0^m 222 de gauche dans ses lits, le tailleur de pierre commence par faire une plumée sur le lit de pose en prenant 0^m 11 de pierre environ, vers son intrados et 0 vers son extrados, et il y applique la branche droite du beuveau dit parallèle; à la longueur de 1^m 839, il fait une autre plumée à l'inverse de la première, c'est-à-dire prenant 0 vers l'intrados et toute la pierre nécessaire vers l'extrados, de manière à ce que le dessus du beuveau dit parallèle se dégauchisse avec le point 0 et le 0^m 222 du beuveau gauche gradué (*fig. 13*), placé dans cette dernière trainée. Il joint ces deux plumées et termine ce lit comme pour une douelle courante, en faisant courir la cerce jusqu'à l'extrémité du lit par tête; il trace sur ce lit le panneau *a b c d* (*fig. 6*), en le faisant courir, pour arriver à faire que la cerce creuse de ce panneau *a b*, qui n'a que 1^m 239, soit portée à 1^m 839. Quand il a fait ce tracé, il vérifie le dégauchissement de ces beuveaux. Avec les beuveaux, il creuse l'intrados de la douelle, comme pour une douelle ordinaire, et le dessus de la branche intradossale du beuveau dit parallèle doit se dégauchir avec le 0 et le 0^m 104 du beuveau gradué placé à 1^m 839, puisqu'on a pour opération du gauche intradossal (1^m 839 $\times$ 0^m 0565 $=$ 0^m 104) Quand il a terminé de creuser sa douelle, il y applique le panneau en zinc du développement intradossal levé (*fig. 3*), et il trace avec la direction de la tête de l'autrc lit et du joint de cette pierre ; avec les beuveaux , il taille l'autre lit comme il l'a fait pour une douelle courante et pour le premier lit, en faisant courir sa cerce jusqu'à l'extrémité de ce lit par tête. Toutefois il observera de ne point terminer complètement le triangle que forme l'extrémité de ces lits par tête, il y laissera un peu de gras, c'est-à-dire un peu de pierre à reprendre.

Il prendra sur l'éventail la coupe à la sauterelle que forme les arêtes extrêmes du lit de dessous de cette douelle avec la tête marquée n° 7, ce lit étant en effet le septième à droite de l'angle obtus ; faisant coïncider une branche de la sauterelle portant cette coupe sur les arrêtes extrêmes de l'intrados fixées par le tracé du panneau de douelle, et faisant passer l'autre branche sur le lit contre lequel il l'applique, et sur lequel il trace sa direction. Il en fait autant pour le lit de dessus, qui est le huitième, et la coupe de la tête se trouvant limitée, il la taille avec une règle droite. Avant qu'il ait rendu au point ce parement, il y applique le panneau de tête levé sur l'élévation (*fig. 4*), et il termine alors, avec son tracé, la portion restante des lits, sur lesquels il retrace la direction de la tête pour l'achever complètement aussi. Enfin, le joint se taille comme celui d'une douelle courante.

Comme on le voit par ce qui précède, la taille de ces douelles ne présente aucune difficulté sérieuse ; néanmoins, celle des douelles de tête exige beaucoup de soin et d'attention, et doit toujours être tracée par la main de l'appareilleur.

MODE DE CONSTRUCTION.

Les données de ces ponts sont ordinairement fixées par les ingénieurs pour ce qui est des matériaux à employer, de leur dimension, de leur fondation, murs en retours, pieds-droits, culées, etc., et ces diverses données peuvent tellement varier, que je crois inutile d'entrer dans aucun détail à ce sujet. Je me bornerai donc à dire que le pont que je décris dans cet ouvrage a été construit : les culées et murs en retours en moellons durs, smillés sur les parements, et les pieds-droits d'angle ainsi que le bandeau, l'arche et le parapet, en pierre de taille fine de Rauzan. Je donne, *planche n° 3*, les plans des maçonneries, *planche n° 4*, les coupes de l'arche et d'un mur en retour, et *planche n° 5*, une coupe et l'élévation de ce pont terminé.

Après que l'on aura monté les maçonneries jusqu'à la naissance de l'arche, et placé les coussinets ou redens, on mettra au levage les palées du cintre, construites semblablement au dessin que j'en donne, *planche n° 4*. Le nombre six de ces palées, indiqué pour ce pont, peut varier suivant sa longueur; mais, dans tous les cas, comme il faut donner le plus de raideur possible aux couchis, qui n'ont jamais plus de $0^m 10$ d'épaisseur; on ne peut les espacer à plus de $1^m 50$ environ d'axe en axe, surtout si l'arche se construit en pierre de taille dure: ce ne serait que dans le cas où la voûte serait construite en pierre de taille tendre, en moellons ou en briques, qu'alors on pourrait augmenter l'écartement de ces travées, et qu'autant toutefois que les matériaux à employer seraient plus légers.

La confection et la construction de ce cintre doivent toujours être confiées à un charpentier habile pour arriver à avoir un cintre parfait; car, différemment, on risquerait, malgré la bonne confection de la taille de la pierre, à manquer ce travail dans la pose qui doit s'exécuter, au contraire, d'une manière rigoureuse et pour laquelle le constructeur doit y apporter toute son attention.

La face de la première palée se place directement à plomb de la tête de l'arche et les autres en divisant l'espace entre les deux têtes, leurs poteaux, qui reposent sur des semelles ou longrines et qui les relient entre eux doivent-être rehaussés et porter sur des coins en bois qui servent à desserrer l'ensemble au décintrement; opération qui nécessite aussi beaucoup de soin.

Quand les palées sont toutes en place, on les recouvre de couchis ou madriers, qui doivent avoir une épaisseur uniforme de 0^m 08 ou 0^m 10, suivant l'espace laissé préalablement entre le dessus des vaux et la face intradossale de l'arche, et pour largeur celle d'une division intradossale du cintre secondaire de la

section droite du pont, soit 0.3332. S'il y avait difficulté à se procurer des madriers de cette largeur on
les reduirait à la moitié, soit 0^m, 1666, ou enfin s'ils
avaient une largeur qui ne soit pas uniforme aux dimensions ci-dessus, on y tracerait sur leur face su-
périeure les divisions du cintre secondaire. La face supé-
rieure de ces couchis devra être blanchie au rabot,
leurs arêtes échanfrinées, puis les côtés amaigris, de
manière à ce que les arêtes supérieures se joignent
parfaitement; on aura soin également de les faire dépasser de quelques centimètres la face extérieure des
palées extrèmes.

Par ce moyen, si la voùte se confectionne en pierre
de taille, comme dans le pont dont il s'agit les joints
longitudinaux des couchis ou le tracé des divisions
guideront les maçons dans la pose des voussoirs,
parceque chaque arête de pierre étant un point de rencontre de la trajectoire ou ligne lit, avec la ligne
joint elles devront coïncider aux joints des couchis
ou à ses divisions semblablement qu'elles coïncident
aux divisions du cintre secondaire qui a servi de base
au tracé du développement intradossal. (*Voyez ce qui
a été dit à ce sujet pour la fig. 3*). Qu'ensuite ces arêtes
de pierre, voussoirs, sur la ligne joint des couchis,
doivent être espacées de la longueur d'un coussinet,
soit 0.7335.

Néanmoins, si on tient à un travail rigoureusement
exact, il faut, après avoir tracé sur le cintre les arêtes

intradossales des douelles de tête, tracer ensuite sur sa face cylindrique, avec une volige assez large, mais flexible, la direction des lignes lit en joignant ces arêtes avec les divisions de coussinets, tel du reste qu'on les a tracées dans le développement (*fig. 3*); on aura ainsi la direction des trajectoires ou lignes lit des voussoirs.

La nature des matériaux à employer dans la construction des arches obliques à appareil hélicoïdal et la rigidité avec laquelle on doit les construire, font de la pose un travail spécial; on ne saurait donc trop recommander la surveillance et les soins que doivent y apporter les entrepreneurs et appareilleurs chargés de ces sortes de constructions.

FIN.

Bordeaux, Imp. MÉTREAU et Comp., rue du Parlement-Ste-Catherine, 19.

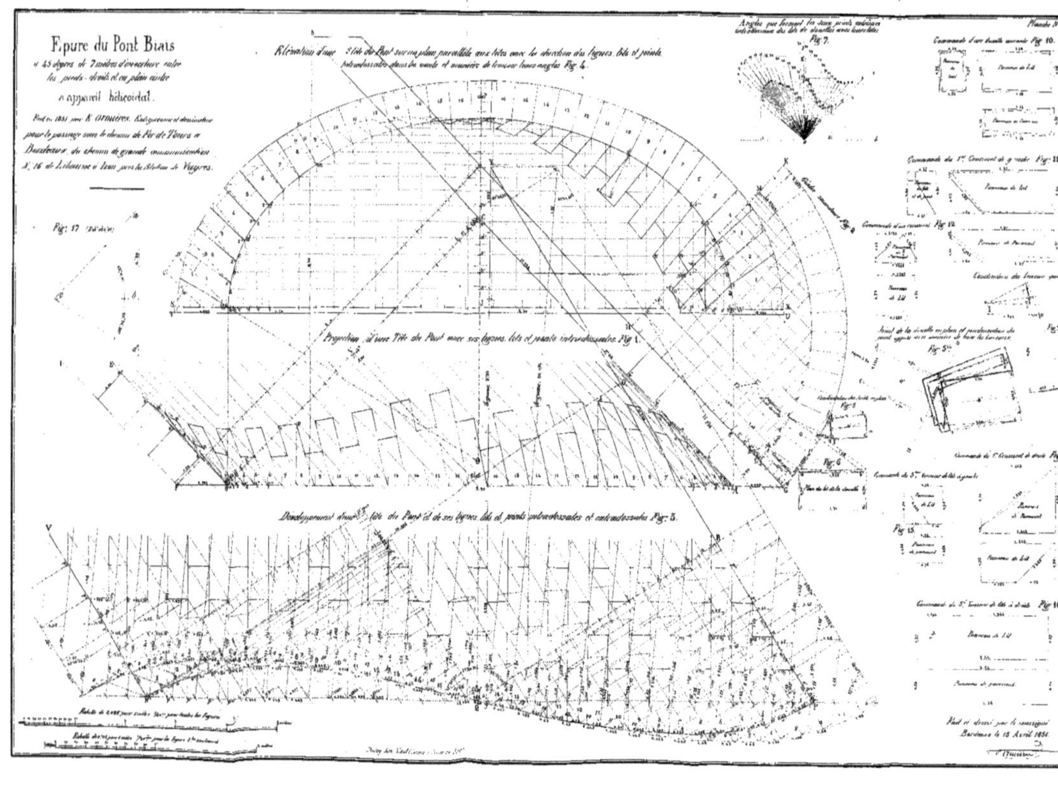

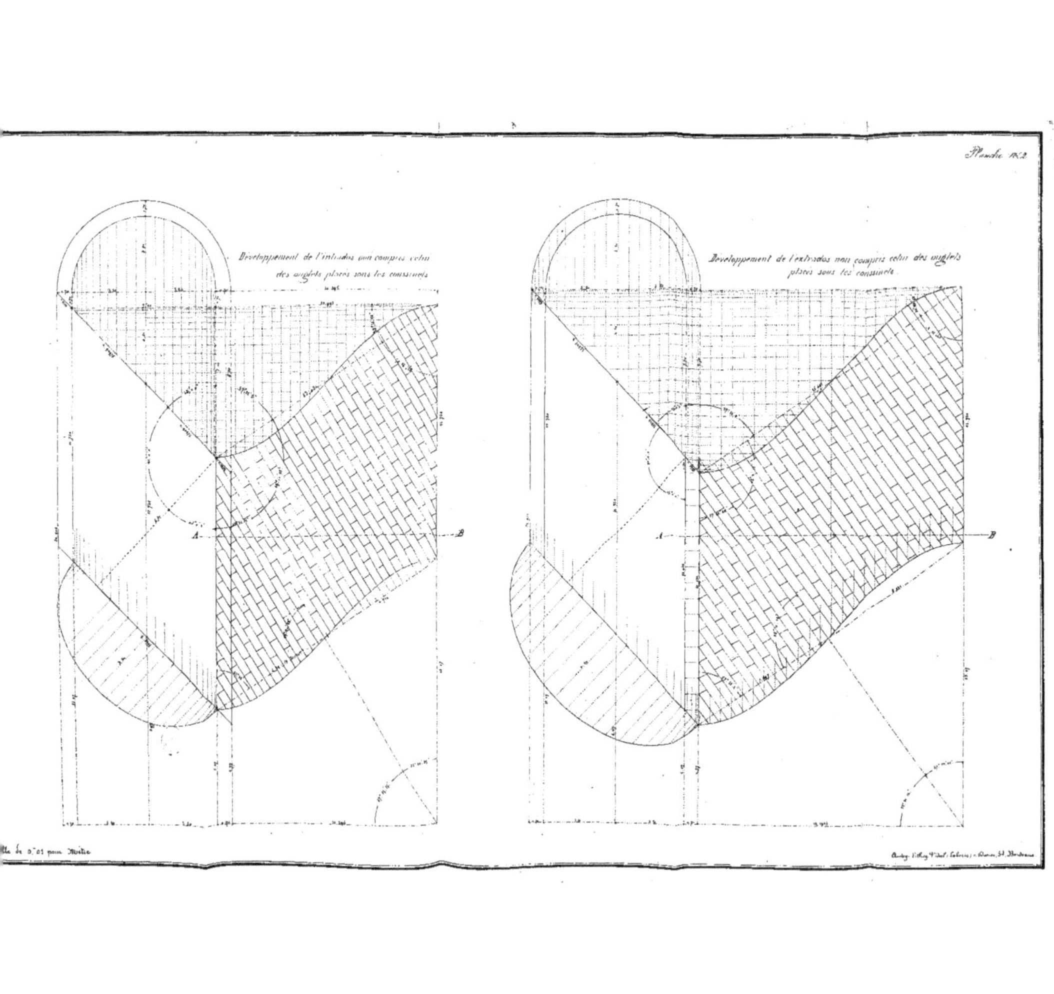

Développement de l'intrados non compris celui
des onglets placés sous les coussinets.
Développement de l'extrados non compris celui des onglets
placés sous les coussinets.
A
B
A
B

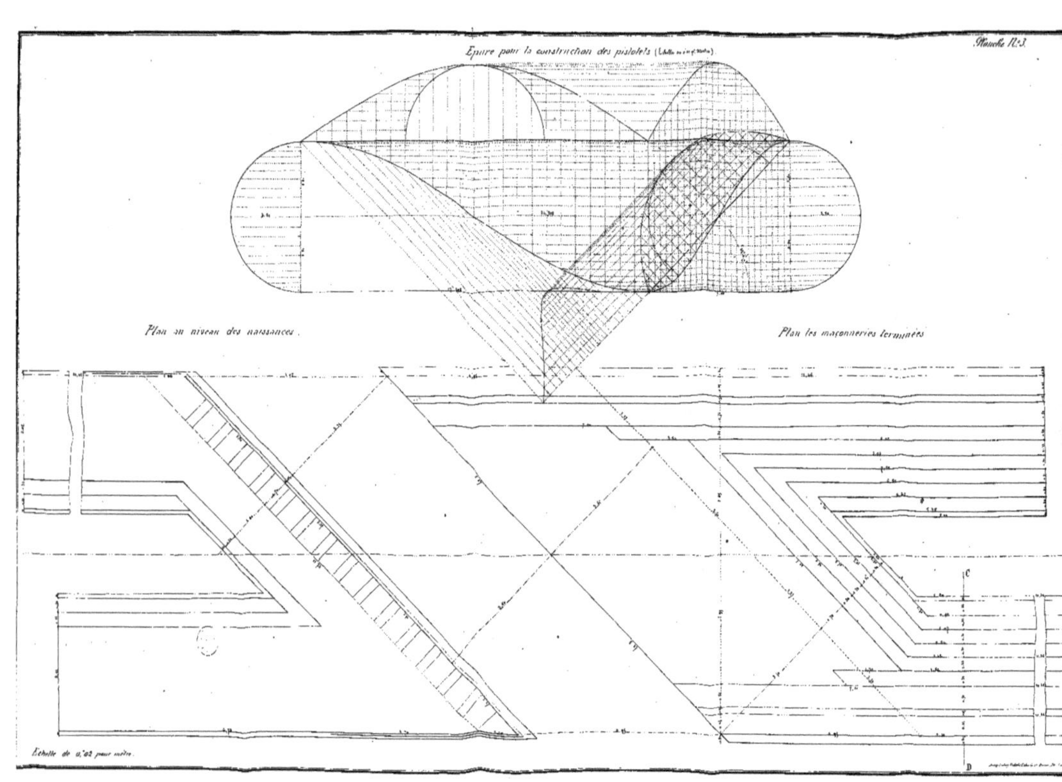

Epure pour la construction des pistolets.
Plan au niveau des naissances.
Plan les maçonneries terminées.
Echelle de 0,02 pour mètre.

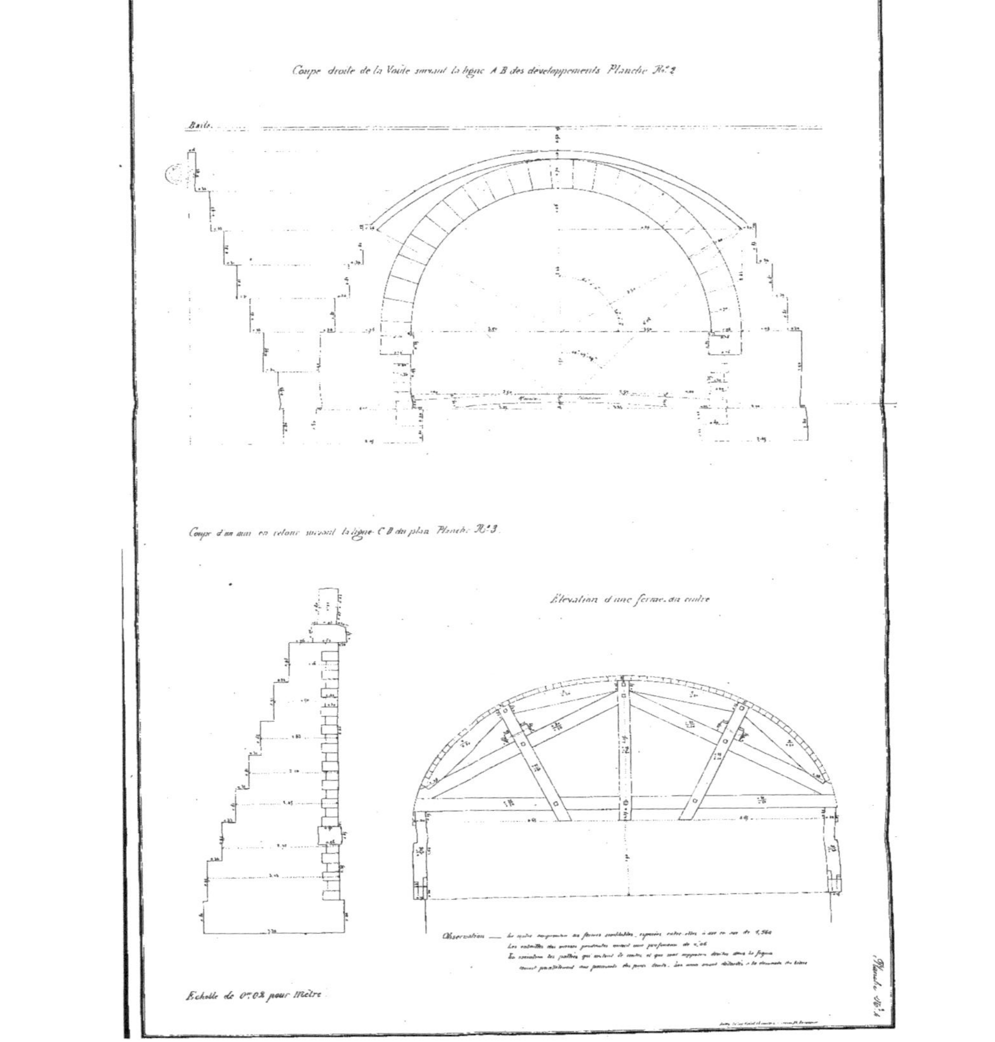

Coupe droite de la Voûte suivant la ligne A B des développements Planche N° 2
Baie.
Coupe d'un mur en retour suivant la ligne C D du plan. Planche N° 3
Élévation d'une ferme du cintre
Observation —
Échelle de 0m.02 pour Mètre.
Planche N° 4

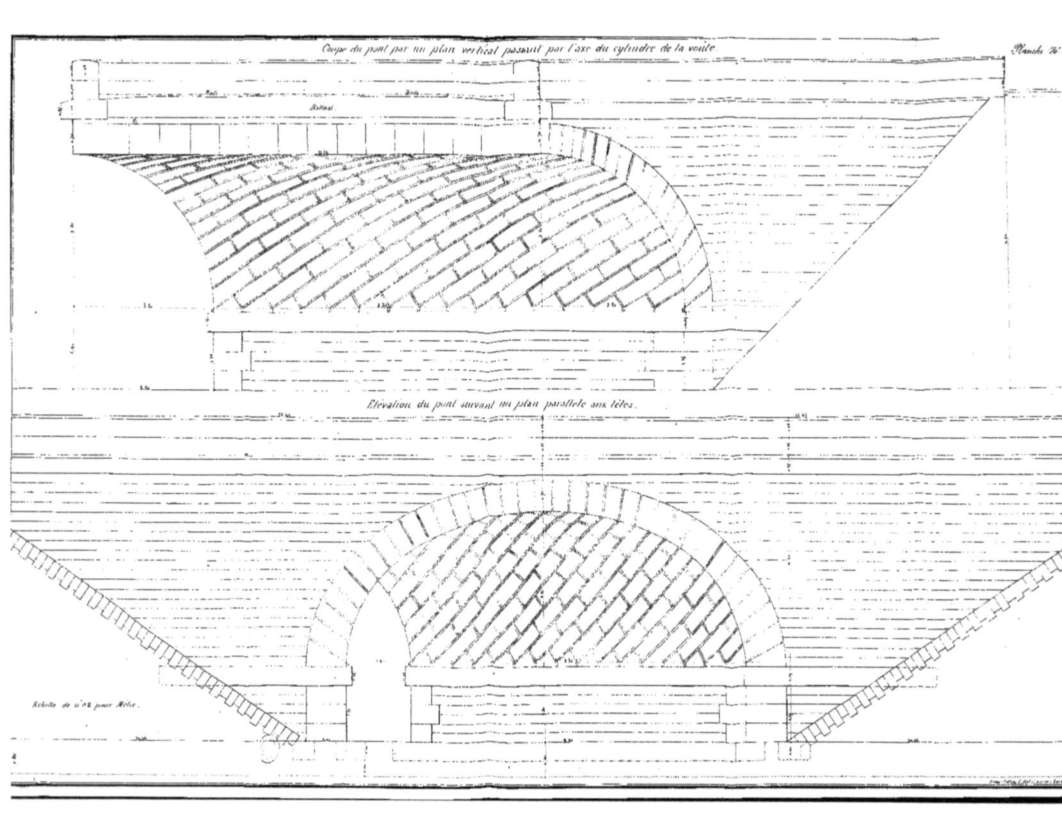

Coupe du pont par un plan vertical passant par l'axe du cylindre de la voûte.

Élévation du pont suivant un plan parallèle aux têtes.

Echelle de 0.02 pour Mètre.

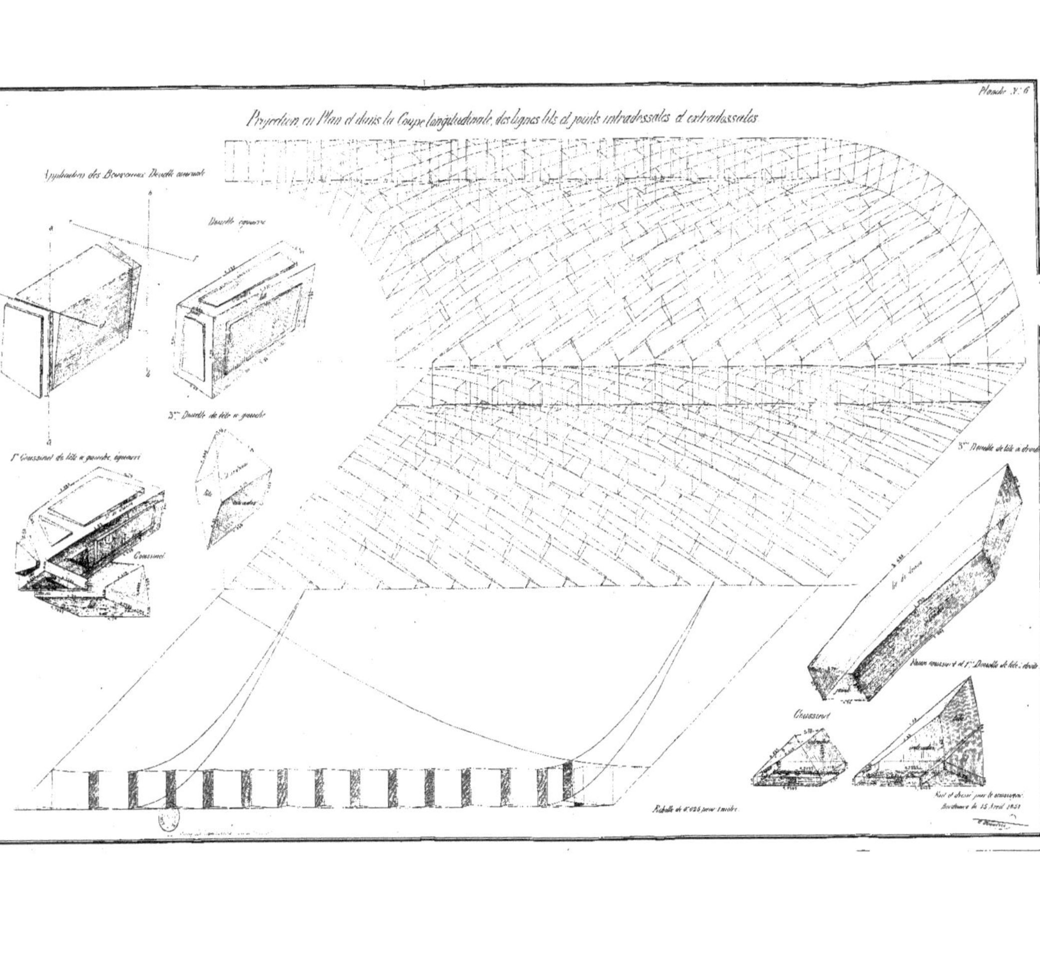

Projection, en Plan et dans la Coupe longitudinale, des lignes, lits et joints intradossales et extradossales.
Application des Bouvereaux Douelle concave.
Douelle concave
Coussinet
Coussinet
Échelle de 0.025 pour 1 mètre.

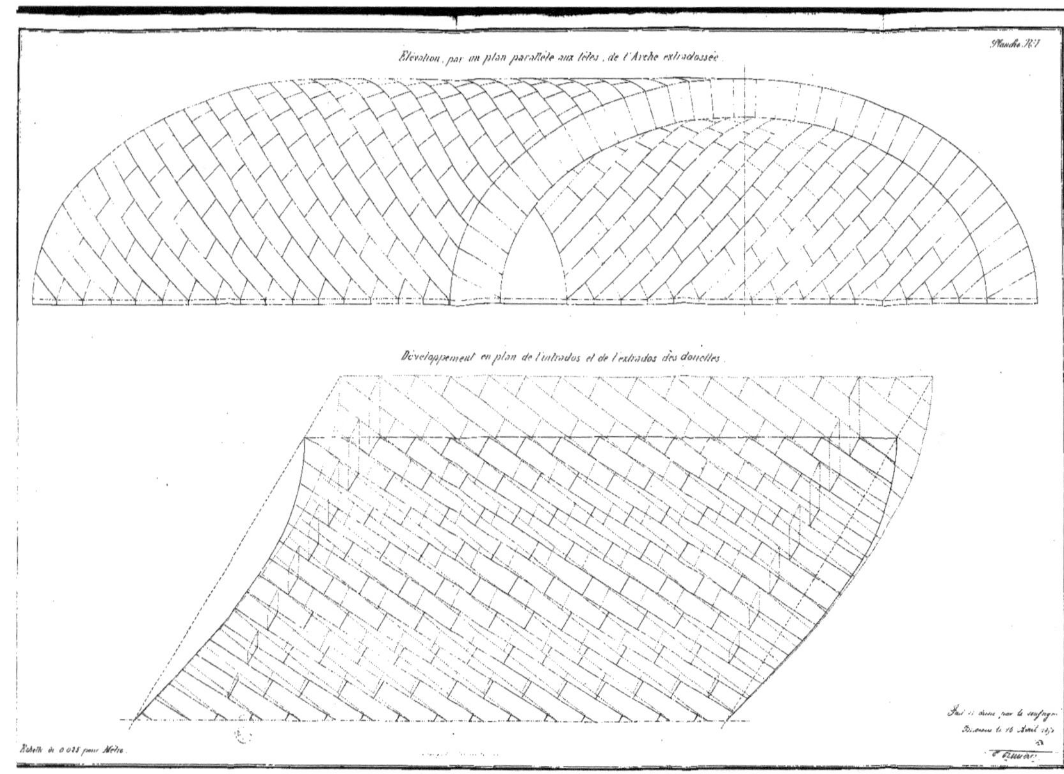

Élévation, par un plan parallèle aux têtes, de l'Arche extradossée.
Développement en plan de l'intrados et de l'extrados des douelles.
Échelle de 0.025 pour Mètre.
Fait et dessiné par le soussigné
Besançon le 16 Avril 1852